Matheus Vital

ENSAIO SOBRE A BEBEDEIRA

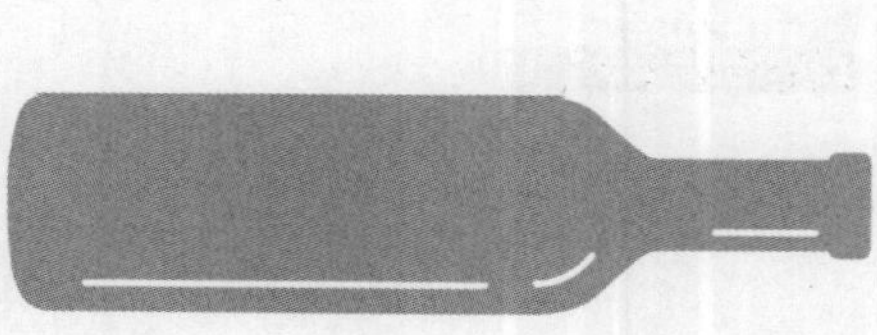

Editora InVerso

R. Doutor Goulin, 1523 Alto da Glória
CEP 80040-280 Curitiba-PR
(41) 3254-1616 e (41) 3558-8001
editorainverso@editorainverso.com.br
www.editorainverso.com.br
Facebook.com/editorainverso
Instagram @editorainverso

COORDENAÇÃO EDITORIAL / EDITORA
Cristina Jones

REVISÃO
Vanessa Correia

CAPA, PROJETO GRÁFICO E DIREÇÃO DE ARTE
Adriane Baldini

DADOS INTERNACIONAIS DE CATALOGAÇÃO NA PUBLICAÇÃO (CIP)
MONA YOUSSEF HAMMOUD – CRB/9ª.1393

V836e
VITAL, Matheus. **Ensaio sobre a bebedeira.**
Curitiba: Editora InVerso, 2024
112 p. 15 x 21 cm PTBR
ISBN: 978-85-5540-362-0

1. Ensaios. 2. Alcoolismo. 3. Alcoolista. 3. Relações sociais.
4. Engajamento social. 5. Recuperação. 6. Solitude. I.Título

CDD: 869.4

ENSAIO: 869.4
ALCOOLISTA: 362.1

Gostaria de agradecer à minha namorada, família, amigos e a todos que me ajudaram ao longo desse caótico processo.

Aos profissionais que me apoiaram, deixo um agradecimento especial ao meu psiquiatra Fernando, minha terapeuta Andrea e minha personal Layla.

PREFÁCIO

Abril – 2023

A ideia de escrever sobre essas experimentações foi, a princípio, uma forma que encontrei de lidar com a ansiedade decorrente da minha decisão de parar de beber de maneira definitiva por um tempo. "Definitiva por um tempo". Esse é um exemplo do nível de confusão mental que essa decisão me trouxe.

Talvez por isso os relatos iniciais tenham se mostrado tão desconexos e carregados de incertezas. Hoje, com uma compreensão melhor das coisas, tenho a capacidade de fazer reflexões acerca de alguns desses sentimentos atravessados.

Acredito que esses relatos podem ser valiosos para que outras pessoas resolvam encarar seus próprios vícios, ou que ao menos eles me servirão de lembrança da minha experiência ao longo do processo.

Resolvi voltar ao que havia escrito e contextualizar as coisas onde vi necessidade, principalmente caso venha a entregar este esboço a alguém que não me conhece de fato.

Como escreveu Thoreau em *Walden*, na maioria dos livros omite-se o eu, que aqui será mantido. Não falaria tanto de mim mesmo se houvesse outra pessoa que conhecesse tão bem.

A escassez de minha experiência ou da habilidade como autor de livros restringe-me a esse tema. Em todo caso, trata-se de um relato simples e sincero da minha própria vida, e não apenas de algo que ouvi dos outros.

É possível que a simples combinação de privilégio, homem, heterossexualidade e cor branca já torne a minha opinião cancelável na largada, o que talvez até seja justo. Mas, novamente, são relatos de experiências e pensamentos que tive ao longo desse tempo. Espero que outros grupos e nichos possam também se identificar com partes do texto.

Em determinados momentos, na empolgação, entendo que acabei usando certas expressões do tipo "devemos", "temos"... Como se eu soubesse de alguma porra. São apenas palavras com as quais me identifiquei no momento, mas que, para qualquer outro leitor, podem não fazer o menor sentido, dada a singularidade de cada um.

Em resumo: longe de mim querer criar uma espécie de autoajuda do tipo "Dez passos para superar seu vício". Cada indivíduo terá que, em última análise, desenvolver seus próprios métodos e conclusões. Se em algum momento o leitor estiver convencido de que estou sugerindo esse ou aquele comportamento, sugiro que jogue o livro fora.

Enfim, voltemos no tempo um ano.

OBJETIVO?

Junho – 2022

A verdade é que ainda não entendo completamente o objetivo do texto que agora escrevo. Comecei o esboço utilizando linguagem formal, mas logo me cansei dessa forma. Me parece agora mais razoável mudar o tom, sem perder com isso o conteúdo reflexivo.

Ocorreu-me mais cedo, na praia de Ipanema, a ideia de narrar os fatos e acontecimentos que sucederam a minha decisão de parar de beber por um ano. Pensei ainda que deveria ter tido essa ideia brilhante antes, afinal, lá se vão quase três meses sem fazer uso do álcool.

Após refletir mais um pouco, concluí que seria utópico achar que, no auge da crise, dado meu estado psíquico, eu teria esta ou qualquer outra ideia útil.

É também verdade que esse período definido de um ano é um tanto quanto arbitrário – do japonês "tirei du ku". Um ano me pareceu tempo suficiente para consolidar essa nova vivência ou, em outras palavras, para que meus novos hábitos fossem reforçados de maneira positiva (blá, blá, blá).

Penso também que a estipulação de um prazo, por si só, pode configurar uma armadilha, visto que talvez minha mente esteja apenas buscando uma confirmação de não-dependência para que mais uma vez eu possa encher os córneos sem o sentimento de culpa atual.

A pergunta que mais escuto no momento é relacionada justamente a esse tempo.

"Mas você vai ficar sem beber até quando?"

Atualmente, estou tentando me convencer de que essa é uma pergunta sem resposta. Isto é, definir um prazo poderia se transformar em um simples e tosco adiamento do funcionamento do qual pretendo me livrar, a exemplo do que fiz ao longo dos últimos dez anos com os dias que passei sóbrio entre uma bebedeira e outra.

Não definir prazo algum me deixaria, de certa forma, exposto ao entendimento de que parei de beber para sempre, o que dificulta o processo como um todo. Afinal, renunciar a algo *ad aeternum* é muito difícil para qualquer que seja a coisa, que dirá renunciar à substância inebriante que permeará meu círculo social até o fim dos meus dias. Isso é o que o AA trata como "um dia de cada vez".

Optei, portanto, por um ano, sem desculpas ou exceções, mas com necessidade de revisão ao término do período. Em "Dilmês": nós não vamos colocar uma meta. Nós vamos deixar uma meta aberta. Quando a gente atingir a meta, nós pensamos na meta.

É razoável pensar que a pessoa que serei em um ano terá melhor discernimento em relação ao álcool do que a que sou agora (espero eu). Assim sendo, é lógico pensar que a decisão que meu "eu do futuro" tomará será melhor do que aquela que eu poderia tomar no momento. Sim, este sou eu tentando racionalizar tudo.

Minimamente, acredito que por meio destes textos conseguirei acompanhar a evolução das minhas percepções (que já mudaram um pouco nesses meses), me manterei motivado a cumprir o objetivo e me lembrarei do contexto e dos motivos que determinaram essa decisão.

CONTEXTO

Junho – 2022

É preciso esclarecer que não houve eventos especialmente trágicos na minha trajetória que expliquem como eu acabei enveredando no caminho do exagero alcoólico.

Quero dizer, não convivi com mortes, doenças ou alcoolismo familiar mais do que a média das pessoas. Não foram essas causas clássicas que estreitaram minha relação com a bebida.

Estudei em boas escolas, meus pais sempre foram muito dedicados e felizmente puderam me fornecer bons valores e educação. Me formei em Engenharia numa faculdade pública, fiz intercâmbio na França dos vinte um aos vinte e três anos. Uma vida boa, ainda que as vozes na minha cabeça tenham pensado diferente em muitas ocasiões.

Muitas vezes pensei em algo do tipo "olha minha realidade quando comparada a média da população brasileira, eu deveria ser grato, e não estar carregando este aperto no peito". Mas, é óbvio que sentir essa culpa nunca foi suficiente para exterminar a angústia.

Para ser sincero, acho que sempre tive dificuldade em aceitar o trágico. Como se eu estivesse proibido de sofrer por esse ou aquele motivo ou como se precisasse pedir desculpas por estar sofrendo.

Ao escrever esse texto isso ficou mais claro. A necessidade absoluta de pedir desculpas por estar sofrendo é também uma maneira de tentar escapar desse sofrimento, como se eu não devesse ou não pudesse estar sentindo o que de fato sentia.

Tentar escapar do trágico é bastante diferente de encará-lo na esperança de construir algo a partir dele.

Um dia desses escutei o *rapper* 50 Cent fazer uma comparação entre músicas de duas lendas do rap: Tupac e Eminem. Ambas as letras abordam o vício em drogas das mães dos compositores, mas de perspectivas muito diferentes. Segundo 50 Cent, a motivação de Eminem vem de uma revolta interna com a situação, partindo da premissa de que aquilo não estava certo e que ele era injustiçado por ter sido criado nesse contexto familiar problemático.

Já Tupac, por ser negro, partia da visão de que a vida é intrinsecamente cheia de injustiças e por isso carregava bem menos a sensação de revolta, já que a expectativa em relação ao "normal" já era muito pior, dada a realidade de um homem negro nos EUA. Há um sentimento muito natural e humano de minimizar o sofrimento sentido por Eminem ao compará-lo com outros que, para um observador externo, possam parecer mais complexos. Digo, é natural e provavelmente verídico pensar que Tupac tinha mais motivos para sofrer.

No entanto, o sofrimento do Eminem não é menos relevante para ele por causa disso. Para o indivíduo a verdade é o que ele sente, sem paralelos.

Talvez, a partir disso, eu possa fazer uma reflexão sobre a minha própria realidade. Ao longo do tempo me convenci (ou me convenceram) de que eu estava destinado a uma carreira brilhante e que todo o meu esforço seria recompensado. Eu me vi de certa forma revoltado das coisas não acontecerem como eu havia idealizado mas, ao mesmo tempo, refutava o meu sofrimento, como se ele não fosse legítimo o suficiente já que, comparativamente, outras pessoas tinham problemas muito piores.

Essa idealização foi algo que construí ao longo do tempo. Eu estudava em uma ótima escola, tinha boa alimentação e moradia, se estudasse o suficiente eu poderia escolher que caminho trilhar. Obviamente, a vida adulta não é tão simples assim.

Ao mesmo tempo eu sempre quis ser um dos melhores e agradar o máximo de pessoas que fosse possível, o que demandava um bom grau de esforço que eu não costumava contabilizar antes de começar a terapia.

Em algum momento, duas coisas convergiram: o cansaço mental do esforço empregado em viver daquela maneira que não era exatamente a minha (eu odiava meu trabalho, por exemplo) e a percepção de que mesmo todo esse esforço podia ser insuficiente na realidade da vida adulta, assim, há infinitas variáveis.

Desse encontro maldito nasceram minha frustração e a sensação de injustiça. E com isso, minha vida mudou de uma orientação baseada na perseguição de metas que eu não tinha criado, para uma busca de prazeres de curto prazo, em especial aqueles que me fizessem não ficar pensando muito naquilo que eu tinha idealizado e não aconteceu.

Em algum momento, quando a perseguição de metas não parecia mais tão relevante, entrei na cilada de tentar achar um sentido para vida. Não sei, as pessoas encontram diversas formas de se sentir pertencentes a algo, alguns se apegam a signos, outros a religião, alguns adotam o fanatismo político por X ou Y. Para mim, nada fazia muito sentido.

E no preenchimento desse vazio existencial, o álcool sempre foi boa companhia. Ele é combustível para uma vida baseada na máxima "só se vive uma vez". E, assim, ele foi ocupando cada vez mais espaço nos meus programas, lazeres e saídas.

Parte dessas conclusões eu tiro depois desse processo e ao analisar as coisas com muita terapia e mente sóbria. Quando se está na vivência do vício, não há espaço para reflexões, o álcool é o lazer e a diversão, e pronto. Não se admitem outras realidades possíveis diante da dependência.

Não sei precisar em que outras ocasiões eu havia refletido sobre o papel do álcool na minha vida, mas foram várias. Eu sempre flertei de maneira perigosa com a bebida. De maneira geral, nunca me considerei um ponto totalmente fora da curva, talvez porque dentro do meu círculo social o abuso do álcool seja corriqueiro e até exaltado em alguns momentos.

Ou talvez isso se deva ao meu preconceito de que dependentes seriam necessariamente pessoas desempregadas, totalmente disfuncionais e desprovidas de todo e qualquer discernimento em relação ao álcool.

Em todo caso, sempre fui considerado alguém que bebia mais do que a média e sempre tive essa percepção de mim mesmo. Vale pontuar aqui que "beber mais que a média" não era sempre encarado de maneira negativa, muito pelo contrário. Beber muito é um reforçador de masculinidade padrão, daqueles que não estão escritos, mas todos usam.

E assim fui levando a vida, com um apagão aqui, um vexame ali e inúmeras ressacas insuportáveis, sobretudo às sextas-feiras (quinta é a nova sexta!).

Até então, minha carreira não tinha sido exuberante, mas também nunca pude reclamar de muita coisa, afinal, ganhava um bom salário, pagava minhas contas, morava em bairro nobre etc. Esses últimos eram motivos que, na minha cabeça, afastavam ainda mais a possibilidade de um problema. Um pensamento como "alcoólatra é quem dorme na rua, eu não".

Em termos práticos, por mais que eu pensasse nisso de vez em quando, eu encarava o abuso do álcool como um estilo de vida, um traço de personalidade, não como um sintoma.

A cachaça sempre foi uma boa companhia nos momentos de maior angústia, uma bengala capaz de aliviar a censura e a autocobrança, um tipo de botão de diversão automática.

Aos trancos e barrancos, em períodos mais e menos extremos, eu consegui me manter relativamente no eixo ao longo dos anos.

Mas, um dia, o botão emperrou. Eu precisava com urgência daquele alívio, mas beber já não trazia o mesmo *feeling*.

DIA D

Abril – 2022

Em abril de 2022 eu acabara de sair de um relacionamento conturbado e estava exausto mentalmente – pelo relacionamento e pelos porres que tomei para esquecer do término.

Esse era um daqueles relacionamentos de apego angustiante em que os bons momentos são excelentes e os maus momentos são tenebrosos. Quando a euforia e o tesão maluco dos momentos de glória te fazem esquecer do constante precipício emocional que está um passo à frente.

Na média, era um relacionamento que não tinha como dar certo. E aqui nem acho que a culpa seja exclusiva de uma pessoa. O fato é que era um caos para ambos.

Na época, eu ainda estava tentando decidir se deveria voltar ou não, mas alguma coisa parecia me empurrar na direção de fazer coisas diferentes dessa vez, isto é, voltar a estudar e a me exercitar... Essas coisas que prometemos sempre e não cumprimos nunca.

Nessa lógica, eu tinha acabado de me inscrever em um curso que me ajudaria na minha nova carreira no mercado financeiro.

Abril é cheio de feriados e um deles se aproximava, ia rolar um festival de música na serra e pensei que poderia ser uma boa ocasião para espairecer e começar a pôr em prática parte das minhas aspirações.

Àquela altura, uma coisa importante tinha acontecido ao longo das minhas sessões terapêuticas e reflexões: minha relação com o álcool começou a me incomodar. Eu já pensava em reduzir o consumo e até tinha evitado estar em eventos onde essa missão seria difícil para cacete.

Esse foi meu estágio de contemplação do problema, onde percebi que talvez devesse fazer algo a respeito. Mas é verdade que eu já tinha entrado nesse estado outras vezes, sem ter conseguido agir depois. Pelo menos não por mais de um ou dois meses.

Meu plano para aquele bendito fim de semana era, portanto, viajar, apreciar os amigos, estudar um pouco, relaxar na serra e curtir os shows. Programão, certo?

Mas eu não estaria aqui escrevendo essas páginas se tal plano tivesse dado certo.

Viagens e álcool sempre estiveram muito relacionados na minha cabeça. De alguma forma, viajar me remetia a uma sensação de liberdade, de sair da rotina, aproveitar a vida e, enganosamente, esse também era um papel que eu atribuía à bebida, um veículo condutor de uma liberdade plena.

Chegamos na casa alugada na sexta-feira. Era uma linda construção com piscina, churrasqueira, lareira e tudo mais que se espera de um imóvel em Itaipava. Fazia um friozinho gostoso.

Tão logo chegamos, preparamos o espaço onde íamos fazer o churrasco e colocamos as *long necks* de Heineken para gelar.

Nesse ponto, eu já vivia um estado de ansiedade constante, mesmo sem perceber. Nada daquilo parecia me importar muito.

Eu estava triste com a vida, mas também com o fato de estar triste.

Acredito que a culpa de sentir-se triste é uma espécie de reflexo da sociedade de excitação em que vivemos, onde só se mostram os bons momentos nas redes sociais, enquanto os estados de espírito cabisbaixos são condenados.

Eu me ressentia de não estar muito animado com tudo aquilo. Piscina de borda infinita. Lareira. Amigos.

É uma sensação muito esquisita a de ter certeza de que aquele momento é algo que você deveria estar gostando, mas que, na prática, foda-se. Tudo parece sem graça. Quem já conviveu com a depressão deve entender o que estou falando.

A solução para sair desse estado letárgico e "virar a chavinha" era justamente tomar uma gelada.

Estavam todos lá, uns conversavam, outros jogavam cartas, outros faziam nada apreciando a vista e eu aguardava paciente a cerveja gelar, como um jogador reserva que se senta no banco e espera o técnico chamá-lo para entrar em campo.

A cerveja chegou e com ela minha empolgação.

É difícil tentar explicar tudo que aconteceu no fim de semana, mas posso dizer que meus planos de estudar, espairecer e me divertir foram ladeira abaixo.

O roteiro já era bem conhecido. Não era como se eu perdesse o controle logo na primeira cerveja. Geralmente eu tomava algumas e começava a me perguntar se já não tinha bebido demais, mas, sabe como é, me convencia logo depois que dava para tomar mais umazinha. Isso ia sendo repetido até que, em algum momento, eu parava de me importar.

Lembro-me de beber as primeiras cervejas bem rápido, pique compulsão total. Joguei truco, gritei bobagens. Preocupei-me, mas segui bebendo.

Também me lembro que em algum momento fiquei tonto e quase caí no chão (na verdade, não sei se me lembro ou se fui lembrado na manhã seguinte).

O dia de sexta, que deveria ser de trabalho e estudo, rapidamente foi transformado em um dia de bebedeira. O AA é bem enfático nisso, quando começa a atrapalhar o trabalho, é um péssimo sinal.

Aliás, não sei se deveria estar falando tanto do AA, visto que não frequentei as reuniões ainda, então levem meus comentários como as conclusões que tirei a partir da leitura da cartilha e do que ouvi de participantes.

Já acordei bem perdido no sábado. Era dia de show. Alguém chegou a fazer alguma piada com o meu quase tombo. A ressaca era monstruosa e a ansiedade que eu sentia era ainda pior.

Eu realmente não sabia como lidar com aquela sensação de angústia. Ao mesmo tempo, me culpava por ter bebido tanto. Metade da minha mente sentia remorso e clamava por uma pausa no goró e a outra metade implorava pela cerveja que faria aquela sensação zarpar.

E foi justamente a metade sedenta que venceu. De novo, é difícil precisar o que aconteceu nesse dia.

Piscina, churrasco. Fila. Foto clichê no pórtico. Show do BaianaSystem. Porradaria na rodinha. Vou lá pegar mais uma. Fala aí, tudo bem? Beijando alguém. Música eletrônica. Pessoas estranhas. Amigos queridos. Van da volta. Acordo assustado.

O domingo foi uma reedição do sábado, com alguns extras. Por exemplo: passar um bom tempo rodando a casa, usando apenas cuecas, procurando minha calça jeans que eu não lembrava onde tinha colocado quando estava bêbado; ou passar uma boa hora contemplando a vista da casa, mergulhado na piscina, enquanto balbuciava filosofias de botequim.

Foi nesse dia que algo de muito importante aconteceu também. Acho que esse foi o momento mais importante de todo esse processo, já que aquilo que é visto não pode ser "desvisto".

Lá pela milésima vez que fui ao banheiro ao longo do dia, munido de uma *long neck*, de cuecas (ainda), me olhei no espelho e não gostei nem um pouco da cena que vi.

Quem era aquele que eu encarava? Senti uma profunda tristeza ao me olhar no espelho.

Foi como olhar o abismo que havia me olhado de volta e sentir-me o próprio vazio. Olheiras enormes. Olhos de um animal empalhado. Barriga de chope à la Zeca Pagodinho. Barba por fazer. "O que você tá fazendo com sua vida, cara?!"

Uma crise existencial instantânea. Tive vontade de chorar, e assim o fiz. Enxuguei minhas lágrimas e terminei a cerveja para engolir o choro.

Daí em diante, novas memórias desconexas. Acordei no susto, muito cedo, pois minha carona ia voltar logo para o Rio.

Aquela segunda-feira foi um dos piores dias da minha vida, sem exageros. Longas horas sentindo nada menos do que a vontade de parar de sentir e existir, nada menos do que a vontade de desaparecer.

A toda hora eu pensava naquele encontro com o espelho e em como ele havia me marcado.

Fiquei algum tempo pensando nisso, naquela cena que eu não poderia "desver". Hoje acredito que, na verdade, pela primeira vez em muito tempo consegui "desver" a realidade paralela que a familiaridade com o álcool tinha construído para finalmente ver a realidade sem "passar pano".

E ao contemplar essa realidade e entender que havia um problema, estava na hora de tomar medidas mais drásticas.

PÂNICO

Maio – 2022

Há uma grande diferença entre contemplar a existência do problema e efetivamente fazer alguma coisa a respeito. É uma decisão que também envolve certo grau de coragem.

A primeira sensação que tive após procurar ajuda foi a de pânico. Pânico, pois no meu atual estado mental todo divertimento passava necessariamente pelo consumo de algum tipo de bebida alcoólica.

Em termos práticos, eu não tinha muita memória do que era uma vida sem beber. Como era uma festa sem beber? Abordar uma mulher sem ter bebido? Um fim de semana sem tomar uma no bar? Um jogo do Flamengo sem tomar um latão? Simplesmente não sabia.

E mais do que isso, na minha cabeça, as projeções mentais já estavam intimamente atreladas ao álcool. Até hoje ainda me pego pensando assim. Quando penso no que é ser bem-sucedido, por exemplo, me vem à cabeça a ideia de estar morando em um lugar legal, perto da praia, resolvido profissionalmente e tomando uma gelada no fim de semana com os amigos.

Dessa forma, o único pensamento que me ocorria era: "Mas será que estou fadado a uma vida monótona e sem graça daqui para a frente? Será que terei de renunciar aos meus lazeres e recreações? Caraleo, fodeu".

Minha vida seguia uma rotina muito simples: trabalhar para ganhar dinheiro e beber para aproveitar. Digo, fazia anos que eu não passava um fim de semana sem beber. Era algo que estava enraizado na minha psique.

Talvez as coisas tenham piorado com a pandemia e meu último relacionamento, já que estávamos sempre bebendo, mas a verdade é que esse funcionamento me acompanhava há muito mais tempo do que isso, durante toda minha vida adulta.

Assim, minha cabeça oscilava bruscamente entre esse pessimismo extremo de que eu estava fadado a morrer de tédio e a vontade de usar o momento para evoluir como pessoa, usá-lo como um divisor de águas.

Tive o instinto de buscar a verdade e talvez algum significado naquilo que estava sentindo, então procurei ler a respeito e conversar com pessoas que passaram por situações semelhantes.

Acho que essa pesquisa foi importante para tirar o vício de um "pedestal". Ter evidências claras de que o consumo excessivo cobrava um preço e entender como evoluem os casos típicos me fez enxergar as saídas e exageros anteriores de outra maneira.

Ao longo desse processo, fui inúmeras vezes acometido pelo negacionismo de que a dependência era de fato real. Procurei diversos amigos para conversar na esperança de encontrar pessoas que me dissessem que não.

As respostas foram das mais variadas. Alguns apontavam para a existência de um problema, outros apontavam para a ausência dele. Óbvio que, no fim das contas, se acaba dando peso maior àqueles que falam o que se quer escutar.

Conversei até com ex-namoradas. Imagine você dar a oportunidade para sua ex te criticar de forma espontânea, que prato cheio.

De maneira geral, consegui perceber um consenso de que eu bebia mais do que deveria e, preocupantemente, de que essa quantidade vinha aumentando ao longo do tempo.

Nas duas primeiras semanas não consegui pensar em muita coisa que não fosse "tenho problema, não tenho problema, tenho, não tenho, tenho..." Caos.

Uma vantagem que felizmente tenho em relação aos cachaceiros do século vinte é o acesso à informação. Imaginem explicar para alguém de 1950 que em 2022 teríamos todo o conhecimento humano ao nosso alcance na palma da mão, mas que, na maioria dos casos, usaríamos tal ferramenta para ver memes de gatinhos e fotos de contatinhos? Loucura.

Comecei a ler uma infinidade de coisas sobre o vício em álcool e vícios em geral, no celular mesmo. Me viciei nisso. Abordagem do AA, da terapia comportamental, de diversas religiões e por aí vai.

Após inúmeras leituras, aprendi que não há medida capaz de classificar com exatidão o que separa o consumo abusivo de álcool, que, sejamos sinceros, é ordinário nos dias de hoje, do alcoolismo propriamente dito.

O AA até possui uma cartilha de perguntas, mas, reafirmo, acredito que a maioria daqueles que convivem comigo seria classificada como um alcoólatra de primeira, de acordo com tal cartilha. (e talvez o sejam?).

Bom, passei a acreditar que a definição é muitas vezes particular e específica e deve partir da pessoa que está envolvida, que, nesse caso, era euzinho. Mas, sei lá, eu entendo de beber muito, e não de alcoolismo. É bom ter ajuda profissional como eu tive, da minha terapeuta e psiquiatra, para chegar a essa conclusão.

É difícil resistir à classificação binária "ser alcoólatra" e, por isso, ter todos os problemas do mundo versus não ser alcoólatra e, portanto, não ter problema algum. Na verdade, há todo um espectro complexo de problemáticas. Não é uma classificação binária.

Depois de falar com um monte de gente e ler um monte de coisa eu ainda estava na dúvida: será que eu era alcoólatra, ou estava apenas descaralhado emocionalmente?

E é muito difícil sair dessa dúvida. Para evitar estagnar nessa pergunta existencial, procurei lembrar que sempre tive um comportamento abusivo em relação ao álcool, que veio se acentuando ao longo dos anos e que recentemente estava dando sinais claros de descontrole.

É bom lembrar também de que a medida extrema se fez necessária, pois outras tentativas, mais permissivas falharam de maneira retumbante. Como diria o Didico Imperador: "Tu consegue beber uma cervejinha?!".

Em algum momento me caiu a ficha: beleza, *habemus* um problema, preciso fazer alguma coisa. É estranho que, quando a ficha caiu, foi como se várias situações patéticas do passado viessem à tona na minha cabeça de uma vez.

Como se toda a sujeira varrida para debaixo do tapete ao longo de anos tivesse sido, de súbito, jogada na minha cara. E, de repente, todas elas estavam conectadas.

Me senti um belo merda por repassar todas aquelas situações mentalmente de uma vez só, mas, ao mesmo tempo, eram memórias que justificavam a minha abstinência e isso foi bem útil.

O ÁLCOOL E EU

Maio – 2022

Uma vez a decisão tomada, fiquei na dúvida do que fazer. Será que eu precisava me isolar em casa por um período, evitando programas que me remetessem a situações de bebida?

A ideia de me isolar parecia mais depressiva ainda.

Resolvi falar com minha família e amigos, abrir o jogo e pedir alguma ajuda, pelo menos no início.

Um dos primeiros desafios que tive, logo na primeira semana, foi comparecer ao casamento de um grande amigo de infância onde, naturalmente, o consumo de álcool médio populacional seria excessivo.

Eu era padrinho do casamento e, sendo o único a morar no Rio, tratei de organizar uma espécie de pré-casamento para nos arrumarmos todos juntos.

Pois é, eu tive que comprar cerveja para os convidados. Claro que não era obrigatório, mas eu também não queria atrapalhar o clima de descontração.

Fiquei na dúvida se compraria ou não, questionando a minha capacidade de resistir à tentação. Quando coloquei os packs no carrinho, senti uma espécie de "será que estou fazendo a coisa certa?".

Comprei junto toda sorte de bebida para tomar quando me desse alguma vontade de ingerir álcool: *Red Bull,* refrigerante, água com gás e por aí vai.

As *long necks* ficaram ali me olhando nos momentos que abri a geladeira até os convidados chegarem e durante a festa. Era um olhar muito carente, como uma criança que pede colo.

Não posso dizer que foi simples ver meus amigos bebendo e se divertindo enquanto eu me abstinha. Tampouco posso afirmar que consegui interagir da mesma forma com eles, como quando eu bebia. Faltava algo para me deixar mais extrovertido.

Em todo caso, sobrevivi à reunião lá em casa bebendo outros venenos gelados e, uma vez arrumados, seguimos todos para o casório.

Pedi aos amigos cachaceiros mais próximos que não insistissem que eu bebesse, nem antes, nem na festa. Não entrei em maiores detalhes, mas deixei claro que era algo importante. Foi uma boa ideia, já que essa insistência sempre acontece, e me poupou parte do trabalho de ficar me justificando.

É muito difícil ficar sem beber em um evento desses. Sem contar que os garçons são inúmeros e os convidados sempre acham estranho quando o moço passa sem que todos estendam a mão.

As pessoas pareciam, de certa forma, incrédulas diante da minha abstenção. Uma delas inclusive chegou a declarar: "Tudo bem não beber muito, mas não beber nada também não é você!".

O álcool sempre se fez tão presente na minha vida adulta que as pessoas já o utilizavam para me definir. Que fase!

E é verdade que eu também pensava dessa forma, como parar de beber se beber *soy yo*?

A verdade é que passamos a encarar nossos sintomas como estilo de vida ou traço de personalidade porque assim é mais fácil lidar com eles. Como se fossem algo imutável e intrínseco. Balela.

Sobrevivi ao casamento e aproveitei bastante a festa. Procurei descontar o ímpeto de beber em outras coisas de prazer imediato. Uma pena não haver recorde olímpico para maior ingestão de bolinhas de queijo em um período de duas horas, caso contrário, ele teria sido batido ali mesmo.

Vale dizer que grande parte da turma da viagem para a serra estava no casamento e que alguns deles fizeram campanha pela minha embriaguez, incluindo a autora da frase de antes.

E, assim, posso dizer que a maioria dessas pessoas é minha amiga de longa data e que se preocupam comigo de fato. Não poderiam estar simplesmente me incentivando a beber só de sacanagem.

Esses acontecimentos me levaram a concluir que, apesar de já ter dado inúmeros sinais de que precisava beber menos e me controlar mais, a maior parte das pessoas não enxergava seriedade naquele consumo abusivo. O abuso do álcool é, portanto, normalizado.

O casamento foi um primeiro marco legal a ser contabilizado, pois foi o primeiro casamento que fiquei sem beber na vida. Nisso eu comecei a pensar em todos os "primeiros" que estavam por vir: primeiro aniversário, primeiro ano-novo, primeiro Carnaval...

Fiz da busca por novos "primeiros" um objetivo oficial que seria concluído com o primeiro aniversário sóbrio, perto da data de um ano.

Criar lembranças felizes de "primeiros" foi muito importante na manutenção da minha abstinência pelo simples fato de eles me apresentarem novas possibilidades.

UM DIA POR VEZ

Junho – 2022

Após o susto inicial e o pânico vivido, consegui pensar com mais calma. Procurei refletir sobre minhas experiências na última década, até o fatídico dia do espelho, e sobre minha relação com a bebida até ali.

Pode até parecer bonito falando, mas eu tenho uma forte tendência a me cobrar em excesso e a me punir mentalmente, portanto, posso garantir que não foi um período de grandes alegrias.

É natural que esse dia D tenha se dado em uma viagem com os amigos. As viagens sempre foram desculpas perfeitas para beber quase o dia inteiro. Temos um padrão, senhoras e senhores! Consigo pensar em outras viagens em que a situação ocorreu de maneira semelhante sem que eu tenha dado a mesma atenção aos fatos. A diferença é a minha própria conscientização, eu acho.

Inclusive, analisar o passado me levou a concluir que, pasmem, todas as minhas ex-namoradas tinham, na família próxima, algum parente com problemas de consumo excessivo de álcool (Freud explica). Todas elas, com exceção da última. Essa era cachaceira ela mesma.

Passei também um bom tempo tentando pensar em alguma justificativa que explicasse a sequência de fatos que tinha me conduzido até ali. Algo do tipo "eu fui controlado em demasia quando criança e, por isso, encontrei na bebida ideal companhia" ou "beber é a maneira que encontrei de superar o trauma XYZ".

Várias dessas causas até fazem algum sentido, mas, por enquanto, a conclusão que tenho para o consumo em exagero é das mais simples. A vida é complexa e a sensação que o álcool traz a curto prazo é boa para cacete, simples assim.

Estaria mentindo se dissesse que não sinto falta do primeiro gole de uma boa cerveja trincando. Não dos exageros e ressacas, mas daquela sensação de alívio instantâneo provocado pelo geladinho que acalma as ideias. Quase um ritual de passagem, saca?

O problema é justamente que essa sensação mágica é propriedade do primeiro gole e apenas dele, e vai decrescendo com a soma deles.

Fiz as contas agora e esses três meses são, na verdade, dois meses e meio. Já consegui contar sucintamente o que aconteceu nesse intervalo e, a partir deste capítulo, narrarei os acontecimentos à medida que eles se desenrolam.

Apesar das piadas, esse período inicial não foi nada fácil. Alternei momentos de euforia, em que enxergava a nítida oportunidade de evolução, com momentos de crise existencial e autoquestionamento. Nos piores momentos, felizmente pude recorrer aos amigos e à família.

Passei por uns momentos bem bizarros, de me olhar no espelho e não entender direito quem eu era. Não me reconhecer em mim mesmo. O que mostra o tamanho da dependência psicológica que eu tinha do álcool.

Em outros momentos, fui acometido por uma vontade desenfreada de chorar, pensando que não conseguiria atravessar essa fase de tristeza sem meu amigo etanol.

Por vezes, voltando da natação em direção ao Leblon, pedalando na orla, minha vista favorita do mundo, o imponente morro Dois Irmãos parecia ter perdido a graça. Tudo era cinza. (Sim, sei que é foda morar no Leblon e estar deprimido, mas a vida é o que é. Manoel Carlos esqueceu de retratar o "lebloner deprê", muito prazer).

Vez ou outra me passava pela cabeça o que poderia acontecer se minha bicicleta subitamente perdesse o controle e tomasse a direção contrária a um dos ônibus que corriam ao lado da ciclovia.

Nessas horas, tratava de colocar o mantra "Apesar de você" no fone. Esforço para me convencer de que, apesar dos pesares, o dia seguinte seria melhor. Um dia de cada vez. Um dia de cada vez.

Apesar desse caos total dos primeiros três meses, é impressionante o quanto esse período também me trouxe de mudanças positivas.

Meu foco no trabalho melhorou consideravelmente, assim como minha capacidade de concentração e minha memória recente. Me sinto bem menos ansioso ao longo da minha rotina.

No que diz respeito a economia, não sei qual é o saldo. Deixei de gastar um monte de dinheiro em bares e biroscas da vizinhança, mas aumentei as sessões de terapia com a Andrea. E ela cobra caro. Em todo caso, um dinheiro mais bem gasto, certamente.

Uma das mudanças mais impressionantes foi a perda de peso. Era como se eu fosse um balão cheio d'água que, de repente. foi furado. Incrível quão rápido meu corpo secou depois de três meses de abstinência.

Esse emagrecimento é notório, as pessoas comentam, e isso acaba sendo algo que ajuda na persistência do plano.

Até minha libido aumentou consideravelmente. Agora, transar me concede muito mais prazer, não só porque eu costumava transar "bonecásso", mas acho que minha barra sensorial estava meio descalibrada. Tudo tinha que ser muito extremo para causar algum impacto.

Adiciono também a melhora no meu condicionamento físico. Consigo nadar muito melhor e faz muito tempo que não sinto dor nas costas, uma chatice que me acompanhou na última década. Descansar o corpo ajuda, né?

Atualização um dia depois

Como nem tudo são flores, chegou mais um dia que senti uma espécie de crise.

Hoje foi feriado, uma das raras ocasiões em que o mercado americano fecha, e estive na praia com uns amigos.

Até então, minha referência do que fazer em feriados, no geral, era "morgação" e geladas.

O tempo estava bem mais ou menos e eles resolveram tomar umas cervejas para relaxar. Dessa vez, aquele clássico movimento da insistência aconteceu com falas do tipo "Ah, cara, mas só uma. Tu já tá há maior tempão, já provou que não tem problema".

Confesso que por alguns segundos cogitei cair em tentação. Talvez tenha dado alguma sorte pelo tempo estar bem meia-boca e a praia ter durado não mais que duas horas.

Apesar de ter resistido, na volta para casa comecei a pensar novamente sobre a validade deste experimento. Mais do que isso, que tipo de prazeres eu teria que buscar para suprir a ausência do álcool? Ou ainda, seria essa a normalidade (sofrer de vez em sempre) e eu já estava viciado em sentir prazer o tempo todo? Quem sou eu verdadeiramente? CRISE NA GÁVEA!

Tive que ligar para meu pai e buscar algum conforto. Como já disse, eu me cobro muito e comecei a entrar numa paranoia inútil de achar que deveria ter me atentado para a questão alcoólica antes. Agora, mais tranquilo, resolvi registrar para lembrar.

A PESCARIA

No sábado, dia 16 de julho, marquei de pescar com uns amigos. É bom explicar que pescar sempre foi uma das minhas atividades favoritas na infância, mas fui deixando a prática de lado com o passar dos anos.

O evento foi convite de um amigo, o João, e era organizado pelo tio dele. João chamou alguns dos moleques do grupo do Flamengo e quatro deles, eu inclusive, toparam.

O plano era, portanto, ir de penetra na pescaria dos tiozões amigos do tio de João. Naturalmente, o dia estaria repleto não só de anzóis e churrasco, mas também de cerveja. De lá, tomaríamos um banho na casa de uma amiga para comparecer à festa de uma outra amiga, dessa vez, regada a álcool e pagode.

Meu sentimento de madrugada, no cais, era de receio, afinal, seriam horas e mais horas de convivência com pessoas bêbadas. Levei alguns *Red Bulls* e águas com gás para minha subsistência.

Saímos ali de Niterói, em Jurujuba, muito cedo. Chegamos no cais ainda de noite e embarcamos as coisas rápido para partir rumo às ilhas Cagarras. Grande parte do volume que embarcamos foi, justamente, de latinhas de cerveja e gelo.

Era um barco bem grande para os padrões de uma traineira, de modo que quase todos conseguiam ficar sentados na parte de trás. Enquanto o barco ia se dirigindo à saída da Baía de Guanabara, íamos discutindo amenidades, já que não conhecíamos a maior parte dos coroas.

Não demorou muito tempo para começarem as primeiras piadas do tipo "a partir de que horas não é considerado alcoolismo?".

Acho que não eram nem sete da manhã quando a primeira latinha foi aberta, parecia até Carnaval no Rio de Janeiro.

Posso dizer que o único momento que pensei em beber foi ali, no primeiro latão de Brahma aberto pelo pessoal, depois disso, o dia simplesmente fluiu.

Fazia tanto tempo que eu não pescava no mar que nem me lembrava que gostava tanto disso. Tão logo chegamos na primeira das ilhas e lançamos os anzóis, começamos a pegar peixes e encher o isopor.

A maior parte das pessoas considera a pecaria uma atividade muito tediosa, e racionalmente até faz sentido, mas, por algum motivo, eu sinto algo totalmente diferente. O fato é que enquanto eu estava ali, preocupado com as iscas e mordidas, eu nem tinha tempo para pensar na falta da cerveja.

Pegamos dezenas de peixes. A resenha também foi grande e o pessoal ficou bêbado para cacete. Não me ressenti muito por não estar bêbado com eles, até porque estava me divertindo igual e rindo consideravelmente da situação alcoólica de alguns.

Não só isso, sem beber eu acabei prestando mais atenção aos detalhes e, principalmente, registrando-os na memória. Ainda fomos premiados com a passagem de algumas baleias jubarte perto do barco.

Me lembro com riqueza de detalhes das baleias jubarte que encontramos. Das diferentes ilhas pelas quais passamos. Do mar a perder de vista e do pôr do sol na Urca, com o bondinho e o Cristo. Coisas que talvez tivessem ficado esquecidas caso eu estivesse bêbado.

Saí do barco satisfeito e com alguns peixes já limpos. Era uma sensação semelhante à de estar chapado, na real. Euforia pelo sucesso da empreitada, talvez.

A experiência da pescaria foi um poço de esperança. Pela primeira vez em muito tempo eu tinha me divertido e esquecido um pouco de tanto receio e angústia. Havia um caminho para a diversão que não envolvia necessariamente a cachaça.

Na hora do atracamento do barco, um pessoal já estava bem perdido das ideias. O tio do João já havia dançado e gritado de felicidade, mas também brigado com alguns dos amigos sem necessidade. Também havia se exaltado com a aproximação de uma embarcação com a bandeira do Vasco e exposto a genitália, do português, "mostrado a rola" para o pessoal do barco vizinho.

Um dos nossos amigos que ia para a festa no Rio, o Ramon, também já estava desconexo. Reclamou durante o trajeto inteiro de carro que precisava fazer xixi, mesmo que tenhamos parado algumas vezes, e achou maneiro brincar de abrir a porta do carro com ele em movimento. Muito saudável.

Enfim, tomamos banho rápido e partimos para festa, e é verdade que eu estava meio eufórico e satisfeito com o andamento do dia.

Foi com essa sensação que cheguei à festa, horas depois e de banho tomado. Cumprimentei todos, feliz da vida. Nesse momento, um grande amigo, depois de olhar para mim por alguns segundos e concluir que eu estava feliz, proferiu uma frase que certamente me marcou:

"Irmão, eu estou te olhando aí, com esse sorriso e Red Bull na mão, ninguém diz que você não está bebendo."

Naquele momento, naquele dia, o álcool não fez falta nenhuma. Óbvio que é cedo para cantar vitória, mas perceber que é possível já é alguma coisa.

A festa foi boa. Acaba que quando se está sóbrio você perde um pouco a vontade de ir ficando no rolê indefinidamente, e depois de algumas horas dá vontade de ir para casa, estando a festa boa ou não.

A verdade não dita é que é raro que coisas interessantes aconteçam depois das três da manhã. Óbvio que se você procurar na mente vai lembrar com carinho de algumas noites épicas, mas elas são minoria. Na maior parte das vezes você bebe mais sem necessidade e vai para casa bêbado.

É uma heurística comum. Como as noites épicas são mais facilmente lembradas do que as ordinárias, a gente acaba extrapolando a probabilidade de algo extraordinário acontecer e tem tendência a esticar a noite para não perder a oportunidade. E, bom, é mais provável que isso não aconteça e você fique com sono e ressaca à toa.

Enfim, ao longo da noite acabei ficando com uma menina que já conhecia de outros carnavais. De início, percebi que ela estava alterada por ter bebido, mas não achei que seria nada grave.

Meia hora depois ela começou a passar mal por ter ingerido álcool em excesso. O clássico bêbado de falar enrolado e "catar uns cavacos" de vez em quando. Me ofereci para levar ela para casa.

Nada mais justo do que retornar ao Universo todas as vezes que outras pessoas cuidaram de mim (além disso, eu estava louco para ir embora, exausto da pescaria).

No Uber, voltando para casa, ela piorou. Foi o serviço completo da nota zero do motorista. Abriu a janela e ensaiou vomitar, reclamou de estar tonta, disse que ia desmaiar, pediu que eu parasse o carro...

Nesse momento me coloquei ali naquele lugar onde estive dezenas de vezes.

Por que fazemos isso com nós mesmos?

Encarei aquilo como um sinal.

DEVANEIOS I

Setembro – 2022

Acho que alcancei uma espécie de inércia neste processo. As oscilações de humor não têm sido mais tão constantes.

É importante lembrar também que, lá no início da minha empreitada, consultei um psiquiatra, aumentei o número de sessões de terapia na semana e, desde então, venho fazendo uso de antidepressivos. É o que eu disse, apesar das piadas, é um processo difícil para caralho que exige um tratamento multidisciplinar.

Ainda não consigo dizer com segurança qual será o resultado deste experimento. No entanto, consigo enxergar com muito mais clareza que eu tinha um problema. É interessante estar do outro lado do rolê.

É impressionante perceber como as pessoas bebem em excesso. Digo sem juízo de valor, até porque o cenário mais provável é que em breve eu volte a beber. Mas o exagero alcoólico é uma espécie de delírio coletivo, muito enraizado na sociedade. Um pacto social que exige que todos estejam bebendo, a fim de evitar algum tipo de julgamento externo, sei lá.

Muitas pessoas, atualmente, me congratulam por ter emagrecido, por estar sem beber, e fazem coro de que elas jamais conseguiriam ficar tanto tempo sem álcool.

"Eu gostaria muito, mas não consigo."

Me sinto bem mais estável, no geral. O quadro de ansiedade permanente que me acompanhou nos últimos anos está muito melhor nesse último mês. Acho que me condicionei a naturalizar, durante a semana, um comportamento de extremo estresse que era premiado com um belo porre durante o fim de semana. Uma espécie de funcionamento de esforço-recompensa.

Hoje me parece impensável que levar essa vida a longo prazo seria possível. Uma vida de tentar empurrar os problemas para debaixo do tapete, angustiar-me na presença deles e anestesiá-los com bebida no fim de semana. É uma bola de neve muito destrutiva. Até porque o consumo excessivo de álcool gera mais angústia e trata de criar outros problemas, aumentando assim o quadro de estresse.

Consigo enxergar também alguns amigos em caminho perigoso em relação ao abuso de álcool e de maconha. Em níveis diferentes do processo, mas ainda assim em caminho perigoso. Consigo pensar em muitos amigos e conhecidos que usam tais drogas de maneira completamente desenfreada e sem a percepção de que eles estão bem longe do razoável.

É tão corriqueiro que algumas dessas pessoas estejam sempre muito alteradas (como eu ficava, diga-se) que isso já faz parte do status quo. As pessoas simplesmente não se impressionam mais com a fala enrolada ou os quadros de blackout. Na maioria das vezes, esses indivíduos são também alvo de piadas e chacota.

Isso é até uma coisa que meu irmão me falou em determinada ocasião ao sair comigo e alguns amigos:

"Cara, me incomoda muito te ver no estado que você ficou, e ao mesmo tempo ver que as pessoas à sua volta apenas riem e fazem piadas sobre."

Lá trás eu não entendi direito o que ele queria dizer, mas hoje eu tenho certeza de que entendo.

Também venho percebendo que a opção de parar de beber me obriga a preencher esse vazio com outros interesses e, talvez por isso, tenho conseguido me dedicar ao esporte. Voltei a correr depois de quase dez anos parado, tenho evoluído na natação e na academia.

Outra coisa digna de nota é que essa escolha acabou naturalmente me afastando de algumas pessoas e me aproximando de outras, por uma questão de alinhamento de interesses mesmo. E essas novas relações, bem como as novas memórias afetivas que venho construindo, fazem com que os novos dias sem beber sejam mais fáceis do que os dias passados.

É engraçado como também percebi que meus amigos bebem mais do que a média e que isso acabava alterando o meu julgamento de normalidade. Assim, extrapolava o normal do grupo para o normal de todos. Vejo que não é bem assim.

Mesmo com todas essas reflexões ainda sigo na dúvida sobre tentar voltar beber moderadamente. Tenho bastante medo de voltar ao estado mental que eu tinha.

Minhas mudanças passam por muito mais do que ter apenas parado de beber. Não acho que elas seriam possíveis se eu estivesse enchendo a cara sempre, mas é mais do que apenas parar de beber.

Repensar minhas prioridades, minha relação com meu corpo, ter noites decentes de sono, mudar minhas interações sociais. Foram mudanças lentas, mas que surtiram efeito.

RECESSO

Outubro – 2022

Já fazia algum tempo que não escrevia aqui. Não sei exatamente o motivo. É bem verdade que a função primordial desses textos, lá atrás, era dar algum direcionamento para minha enorme ansiedade. E, nesse sentido, acho que ando bem menos ansioso de maneira geral.

Andei dando uma lida no que já escrevi até aqui. Resolvi me furtar de grandes correções e leituras posteriores. Acho que vai ser engraçado ler tudo de uma vez, contemplando a forma com a qual o meu "eu" evoluiu em escrita e em pensamento.

Também faz algum tempo que não contabilizo o período que estou sem beber, mas fato é que já estamos em outubro. Chutaria cerca de uns seis meses.

É impressionante analisar como meus pensamentos andam muito mais estáveis e como tenho sido capaz de manter uma rotina saudável. Com o tempo, acabei percebendo que poderia utilizar a disciplina que desenvolvi para não beber em situações típicas para outras coisas.

Esses dias eu estava assistindo uma entrevista ou citação, não lembro ao certo, do maratonista queniano Kipchoge, o primeiro cara que correu uma maratona em menos de duas horas. Ele dizia, "*Only the disciplined ones in life are free. If you are undisciplined, you are a slave to your moods and your passions*". Em tradução livre, "Apenas os disciplinados são livres na vida. Se você não tem disciplina, é um escravo das suas vontades e das suas paixões".

Eu não sei se o Kip leu sobre os conceitos de liberdade de Kant, mas é bastante provável. O sujeito só é livre quando se dispõe a fazer aquilo que não quer fazer, o que é bastante contraintuitivo.

Mas é apenas quando dominamos nossas pulsões mais imediatistas por prazer que conseguimos exercer nossa liberdade de escolha, caso contrário, estaremos sendo apenas reflexo automático desses mesmos prazeres.

Ultimamente essa noção tem feito muito sentido para mim. Por muito tempo eu encarei a liberdade plena como uma espécie de estado utópico onde seria possível fazer o que me desse na telha, sem as barreiras impostas pela sociedade ou pelo dinheiro.

Nesse contexto, ceder aos prazeres de curto prazo, e mesmo me viciar neles, era uma forma de exercer essa liberdade. Ligar o foda-se para tudo era, em última análise, estar livre. O problema é que eu não me sentia assim e acabei ficando preso nesse ciclo perpétuo de ser escravizado por uma busca sem sentido.

Não posso crer que estou protagonizando este momento autoajuda, mas, de fato, ter disciplina é algo que passei a valorizar muito.

Talvez essa seja uma percepção de alguém privilegiado, digo, há certamente pessoas com baixíssima possibilidade de escolha, vivendo uma vida quase de subsistência, e seria injusto exigir qualquer disciplina de alguém que está lutando para sobreviver. Mas imagino que até essas pessoas preferem ceder à pulsão de prazeres corriqueiros a ter que trabalhar com disciplina na modificação dessa condição de vida pouco ideal.

Não sei, como indivíduo é muito mais simples fazer uso de algum vitimismo que sirva tanto para justificar as insatisfações, mas também como uma desculpa para se entregar aos prazeres mais rápidos sempre que possível.

Ao longo desse processo, percebi que me coloquei inúmeras vezes na posição de vítima, como forma de me eximir da responsabilidade e, mais do que isso, me isentar do esforço que seria necessário para reverter situações desconfortáveis, não só com a bebida.

Há quem considere a proposta de Kant para liberdade dogmática demais. Espinosa é mais didático ao explicar que liberdade tem relação com a potência do corpo e da mente de realizar sua função essencial de existir. Para ele, não há liberdade absoluta, pois somos resultado das interações com outras coisas e pessoas. Assim, livre é aquele que é capaz de fazer escolhas que maximizem sua própria potência, mas é preciso experimentar para tirar conclusões. No meu caso, eu nem sabia como era a vida sem beber mas pude constatar que minha interação com o álcool estava longe de ser um amplificador de potência.

Confiar no processo é um exercício de quase fé. É preciso acreditar que evitar certos prazeres no curto prazo implicará resultados benignos no médio prazo, sem que se tenha certeza desse desfecho e sem conseguir notar grandes mudanças de um dia para o outro. Pode parecer simples trocar o prazer de curto prazo pelo de longo prazo, mas é um exercício bastante complexo.

Como assim? Bom, a princípio, minha vontade ao sair com os amigos era simplesmente ligar o foda-se e beber. Precisei me convencer, dia após dia, de que a decisão era por um motivo importante, cabendo lembrar inúmeras situações patéticas pelas quais eu passei por conta do álcool, acreditando que essa vontade melhoraria com o tempo e que seria cada vez mais simples lidar com ela.

Hoje em dia essa melhora é perceptível, até para meus amigos e familiares, mas foi preciso a paciência de aguardar que a integração de inúmeras pequenas melhorias diárias resultasse em algo que possa, de fato, ser reparado.

A aplicabilidade dessa disciplina é bem ampla e passei a adotá--la tanto para me alimentar melhor quanto para me exercitar regularmente.

Esse bem-estar físico e mental me fez refletir sobre diversos outros assuntos. Talvez faça mais sentido agora falar um pouco sobre essas reflexões, já que me resumir a situações cotidianas da vida do abstêmio moderno seria provavelmente entediante.

Também é preciso cuidado para que a disciplina não vire uma desculpa para justificar um estilo de vida onde não se aproveita o presente, caso contrário voltaria ao estado de perseguição eterna de objetivos futuros que nunca chegam. É preciso extrair algum prazer do processo e das atividades do dia a dia.

PRAZERES

Outubro – 2022

Há alguns meses, antes de parar de beber, escrevi uma poesia sobre um sentimento que já me incomodava fazia tempo. Uma saudade dos pequenos prazeres.

É bastante difícil descrever esse sentimento, mas é como se eu vivenciasse uma saudade permanente do estado de espírito que eu tinha até os meus vinte e poucos anos. Uma vontade latente de voltar a ser otimista e sentir prazer com coisas corriqueiras, sem saber ao certo como fazer isso e, muito menos, como esses prazeres haviam desaparecido.

Tenho pensado bastante a respeito. Acho que acabei me viciando não só no álcool, mas também em outras formas de "escape". Digo aqui escape para fins de entendimento, mas não acredito que seja a melhor palavra. Tenho sim questões a serem endereçadas na terapia, mas não sei até que ponto elas justificam a busca por incessantes repetições de alguns prazeres.

É um processo, na realidade. Questões geram a necessidade de escape, a repetição do escape gera o vício em algum tipo de prazer específico (que, no meu caso, foram álcool e sexo, principalmente) e esse vício nos faz repetir o prazer de maneira ininterrupta, a ponto de ofuscar os anteriores.

Portanto, não basta apenas endereçar as questões iniciais, mas também lutar na contramão do vício (o tal exercício de fé), para que os prazeres antigos consigam aflorar novamente.

Estou aqui falando como se tivesse certeza de algo, mas acho que estou no meio desse processo. Já consigo perceber que prazeres antigos voltaram a ter espaço na minha vida, embora ainda me sinta bastante infeliz em muitos momentos. Talvez eu precise de mais tempo. Talvez eu precise investir em descobrir novas coisas, não sei. Ou ainda, talvez essa sensação de estar infeliz de tempos em tempos seja normal, principalmente se ela não for remediada com algum vício toda vez que aparecer.

Estimo que já se passaram cerca de sete meses desde que tomei a decisão que é assunto deste livro. Terei de transcrever aqui o texto que mencionei, o dos pequenos prazeres, caso contrário, nada do que eu falar neste capítulo fará sentido. Devo ter escrito este texto em 2020, em meio à pandemia.

Pequenas coisas

No turbilhão que nos carrega
Felicidade que nunca chega, deprime
Amar à moda de Platão:
A cada conquista, uma nova meta
Cada meta, uma cartilha.
E quando se vê, foi-se o tempo.
Tinha para mim que a felicidade está nos pequenos prazeres.
Não sei bem em que ponto parei de repará-los
Mas lembro-me, moleque, da felicidade ao ligar o ar num dia de calor.
De me jogar no sofá depois da escola.
De tomar uma Coca depois da bola.
Mas, como diz o texto:
Quando eu era menino, falava como menino, ouvia como menino.
Hoje, homem, esses prazeres não me servem mais.
Preciso me reinventar
Mas onde olho há cobranças e correrias
Onde penso, há arapucas de mais-valia
Afinal,
Que prazeres alimentam os que não saciam de pão e circo?

Pois bem, acho que por algum tempo senti o peso da ausência desses pequenos prazeres. Por vezes tentei, inclusive, pensar em como o meu eu-passado enxergava as coisas na época em que eu era menos ansioso, o que, obviamente, foi sempre um exercício bem inútil.

É difícil tentar lembrar como era sua forma de pensar em um dado momento no tempo. Em todo caso, sempre me ressenti da ausência desses sentimentos de pequenas felicidades que acabam compondo um estado de vida mais leve.

Eu sempre fui uma pessoa bem leve até os meus vinte e poucos anos. Portanto, existia dentro de mim um desejo de voltar àquele estado primitivo, sem saber como efetuar esse resgate e sem saber se esse estado havia sido perdido definitivamente.

Seria isso uma consequência normal da vida adulta e do acréscimo de responsabilidades? Ou eu era culpado por esse processo?

Essas perguntas me acompanharam durante a última década, não verbalmente, mas era algo que permeava meus pensamentos.

Acredito que hoje estou muito mais perto desse estado do qual eu tanto sentia falta. Veja você que ontem, depois de sair do treino da natação (que venho cumprindo religiosamente), precisei resolver umas coisas na rua em meio ao calor desgraçado do Rio de Janeiro. Quando voltei, dessa vez direto para o escritório, sentei-me à mesa, e enquanto me preparava para trabalhar me reencontrei com um prazer bastante nostálgico. O ar-condicionado estava no máximo e a sala estava geladinha. E que prazer danado era estar sentado no geladinho! Me permiti contemplar essa sensação durante alguns segundos.

Sei que isso pode parecer bobagem e corriqueiro, mas, naquela hora, foi a melhor sensação do mundo.

VOZES DA MINHA CABEÇA

Novembro – 2022

Esse período tem sido, acima de tudo, um momento de reaproximação comigo mesmo. Há anos eu estava funcionando no modo automático de trabalhar nos dias úteis, sem fazer muitos questionamentos, para aloprar no fim de semana e zerar meus estresses. Na terapia classifiquei isso como "modo zumbi".

O problema é que traçar objetivos e, principalmente, descobrir o que eu quero e o que me motiva é uma missão bastante difícil quando se está viciado em dopamina. Na verdade, isso é uma missão impossível sempre, mas estar chapado o tempo todo não ajuda a ter uma vida minimamente construtiva nesse sentido.

Meu objetivo médio acabava sendo ter dinheiro para sustentar os prazeres rápidos do fim de semana. Trabalhar era preciso, mas sem muito propósito. Algumas perguntas do tipo, "o que eu quero fazer?" ou "o que me prende em algumas situações?" eram questionamentos tipicamente evitados através do prazer expresso do álcool.

Meus problemas podiam ser pequenos se comparados aos problemas médios da sociedade tupiniquim, tenho consciência disso. Mas, cada um com suas maluquices, certo?

Com a sobriedade é mais fácil contemplar que já fui diversas pessoas dentro de uma única e que sou resultado de todas elas. De alguma forma, hoje acredito que consigo incentivar umas mais do que outras, para que estas estejam no controle.

É bem verdade que tenho forte tendência a tentar controlar e racionalizar tudo, o que por vezes resulta em longos intervalos de pensamentos solitários e repetitivos. Chato pra caramba.

Sair do estado de zumbi me colocou em maior contato com essas vozes internas e ainda estou me acostumando com elas. Às vezes me pergunto se isso é normal para todas as pessoas, se os outros também funcionam de maneira parecida ou se essa situação é algo particular com que precisarei aprender a lidar.

Me pergunto também se isso não pode ser um efeito da abstinência, digo, alguma parte do meu corpo querendo voltar aos prazeres para calar essas reflexões infinitas, ou ainda, questiono se o exagero do álcool se tornou um exagero de reflexões, talvez.

Para além disso, vejo que em muitos momentos, diante das adversidades, me coloquei na posição de vítima. Algo do tipo, "isso não deveria ter acontecido comigo já que eu fiz tudo certo". Como se a vida devesse ser justa de alguma forma. A vida não acontece em condições ideais.

O problema dessa postura é que ela me tirava o senso de responsabilidade de tentar algo diferente e me colocava na posição perpétua de sofrimento de injustiçado.

Tenho aprendido pelo esporte e pelo processo todo que é parar de beber, que resiliência é algo fundamental e que objetivos são alcançados a partir de uma mudança de comportamento, mas que os efeitos da perseverança nesse novo comportamento só se observam no médio prazo.

ZÉ DELIVERY

Dezembro – 2022

Já é praticamente Natal. Natal com Copa do Mundo ao mesmo tempo, bom demais. Ontem eu estava mexendo no meu celular, que acusava falta de espaço, e resolvi deletar alguns aplicativos. Uma das sugestões dadas pelo telefone, que prioriza os apps que não são mais usados, foi o aplicativo de *delivery* de cachaça do Zé.

Bem que os caras do Zé tentaram me fazer voltar a usar o programa. O algoritmo não deve ter entendido nada: "Como alguém que nos dava uma puta grana todo fim de semana, do nada, parou de pedir?". Foram inúmeros descontos e promoções na tentativa de me puxar de novo para a rotina, mas não deu muito certo. Foi mal Zé.

Aceitei a sugestão de deletar o aplicativo.

É impressionante quanta coisa mudou em tão pouco tempo. Acho que posso dizer hoje que já não sinto mais tanta falta de beber e que gosto muito mais dessa minha "nova-velha" versão.

É óbvio que meu lado obsessivo não sumiu, ele apenas tem sido direcionado para outras coisas. E essas coisas, de maneira geral, tem dado conta de controlar as "vozes da minha cabeça".

Eu nunca fui muito de conseguir medir a intensidade das coisas. Se é para beber, vamos tomar todas. Mas também, se é para estudar, vamos "comer" o livro. Se é para nadar, vamos nadar dez quilômetros. Se é para malhar, vamos todo dia e fazendo dieta. Isso não é ruim necessariamente, pessoas mornas costumam ser pessoas sem sal (leia-se chatas). Mas, também é um funcionamento bem perigoso.

Uma grande amiga minha uma vez me disse que eu lembrava a ela o famoso escritor Hemingway. Não sei se bem o que ela quis dizer, mas eu entendi que a comparação tinha ligação com esse meu estado permanente de intensidade e flerte com o caos. Na ocasião, não sabia dizer se isso era uma coisa boa ou ruim (lembrando que o cara se matou, né?). Hoje vejo isso como uma coisa boa.

A verdade é que o álcool me roubou um pouco do resto das coisas e prazeres e, com o tempo, se tornou o único prazer que eu conhecia verdadeiramente. Tenho procurado usar esse lado obsessivo para coisas mais úteis e isso tem sido muito bom.

Penso que aprender a conviver com meus pensamentos será determinante para que essa experiência de abstinência seja perpetuada.

É engraçado que durante o trabalho ou durante alguma atividade que demande atenção é fácil existir na solidão. Fundamentalmente, uma pessoa concentrada se vira bem em sua solitude, sem a necessidade de preencher o ócio com algum de seus vícios ou através do convívio com outras pessoas.

As pessoas preenchem esse espaço com diversas coisas que vão desde maratonar séries até famoso sair e ver gente. Na maior parte das vezes, são atividades que não agregam absolutamente nada às suas vidas, para além de afastar a possibilidade de estar no ócio e entregue aos próprios pensamentos. Ora, mas seria isso tão ruim assim?

REI E RAINHA DO MAR

Dezembro – 2022

Nesse último fim de semana, após um grande período de treinos e dieta, nadei a maratona aquática Rei e Rainha do Mar, aqui em Copacabana. Para quem não sabe, trata-se de dez quilômetros de natação em águas abertas, algo que meu "antigo--eu-balofo" jamais teria conseguido.

Nadar uma prova dessas requer todo um ritual. Se alimentar direito na véspera, acordar cedo, alongar-se, preparar-se mentalmente para o desafio. É uma experiência legal.

O resultado foi muito surpreendente, positivamente falando. Dez quilômetros em duas horas e quarenta minutos aproximadamente. Décimo sexto lugar geral e terceiro lugar na categoria até trinta e cinco anos. Pasmem.

Estou vivendo uma mistura de sentimentos. Euforia pela conquista, mas também surpresa por testemunhar tamanha evolução da minha performance, do meu corpo e da minha mente (imagine você, quase três horas de solidão no mar).

Sem dúvidas, estou no auge da minha forma física, incluindo aí meus anos de adolescência e até meu período de nado na faculdade da França, aos vinte e poucos anos. Tal façanha para mim há alguns meses não seria sequer cogitada como possível, que dirá em tão curto período.

Acredito que esse marco será determinante para consolidar essa minha nova vida que é intimamente ligada ao esporte. A sensação de ser bom em algo é viciante e pretendo seguir treinando para diminuir ainda mais esse tempo.

Não sei se um dia voltarei a beber na vida, mas já acredito que essa pausa foi, decerto, a decisão mais acertada que já tomei na vida. Era impossível antever que tipo de mudanças seriam decorrentes dessa escolha lá no início desse processo.

Eu sou um "novo-velho" homem. Novo pela quantidade de mudanças e velho porque hoje me identifico mais comigo mesmo do que eu me identificava durante a última década.

Como bom engenheiro, sempre tentei racionalizar as escolhas que tomo, mas estou chegando à conclusão de que fazer projeções mentais é um exercício bastante inútil na maioria dos casos. Talvez a melhor maneira seja mesmo a tentativa e erro.

Apenas o humano tem que conviver com a angústia da liberdade plena, que implica escolher e, por definição, renunciar a todas as outras escolhas possíveis. É preciso resistir à tentação de congelar perante a angústia das escolhas não vividas. É preciso, portanto, decidir, "vou parar de beber, porra", e a partir daí fazer análises das consequências à medida que elas se apresentam.

Sei lá. É uma sensação meio louca a de estar em paz. Digo, parece que depois de muito tempo consegui sair de uma espécie de modo automático em que seguia fazendo as coisas que se apresentavam sem saber muito bem o porquê. Estudar para entrar na faculdade e para me formar. Procurar emprego para sair de casa. Trabalhar para pagar boletos. Beber para desestressar do trabalho. Ficar na rua até tarde para aproveitar a folga. Prazeres rápidos em volumes altos. Inconsciência.

Não sei se isso é maturidade ou autoconhecimento. Ou um pouco dos dois.

ÁLCOOL E OUTRAS DROGAS

Janeiro – 2023

Estive pensando no porquê de o álcool ser uma droga legalizada e amplamente difundida, enquanto várias outras não são.

Talvez, para minha geração, o álcool seja o equivalente ao cigarro das gerações anteriores. Hoje os malefícios do cigarro são conhecidos e aparecem estampados nos maços vendidos por aí, mas, não faz muito tempo, ele era um mecanismo de afirmação social.

Se hoje as bebidas patrocinam a maioria dos eventos, festas e shows, antigamente era o cigarro que bancava as estrelas de Hollywood e as corridas de Fórmula 1. Pode ser que daqui a alguns anos as *long necks* também sejam vendidas com imagens de cirrose, impotência sexual e ansiedade, e então a moda da vez será tomar chá de cogumelos ou microdoses de LSD.

Eu, que já sou uma pessoa de excessos, fui provavelmente seduzido pelo contexto da legalidade e pela ideia de utiliza-lo para justificar meu vício. Como se meus excessos fossem inofensivos, já que se tratava de uma droga legalizada. Passei meus primeiros trinta anos sem experimentar maconha, por exemplo, por caretice mesmo e até certo preconceito. No entanto, é bem provável que existam diversos maconheiros com uma relação bem menos tóxica com sua própria droga do que a que eu tinha com a cachaça. Como diria o bordão: equilíbrio é tudo.

Na verdade, acho que o álcool ainda tem contra si o fato de ser dose-dependente. Isto é, os efeitos dele no corpo variam de acordo com a quantidade ingerida. Aquela sensação boa de leveza que apenas os primeiros goles de cerveja gelada conseguem provocar dão lugar a perda de censura e, em caso de insistência, a depressão do sistema nervoso e perda de capacidade cognitiva.

Além disso, quanto mais calejado na cachaça for o sujeito, menos tempo dura esse primeiro efeito a cada consumo. É a receita certa para dar merda.

Óbvio que só sei disso atualmente porque li uma cacetada de estudos na tentativa de responder a famigerada pergunta, "serasi sou alcoólatra?".

A verdade é que nunca consegui ter uma relação saudável com a bebida. Ultimamente, tenho até testado outras drogas recreativas e, a princípio, lido bem melhor com elas. Não me tornei santo, é claro. Acho que tudo está ligado à capacidade individual e a sinceridade que o indivíduo tem consigo mesmo quanto aos efeitos que tal substância está tendo em sua vida.

Enfim, o fato de o álcool ser legalizado não o faz mais seguro que outras drogas (talvez seja, mas apenas com relação ao fato de você saber exatamente o que está consumindo).

Óbvio que o ideal seria levar a vida sem vício algum, mas seria isso possível? As pessoas são viciadas em toda sorte de coisas como álcool, trabalho, futebol, sexo, apostas, comida, pornografia... É importante ter o cuidado de perceber quando o prazer do vício se torna uma compulsão desenfreada.

Quando o prazer deixa de ser prazeroso ou quando viramos escravos dele.

Agora que sou esportista, estou em uns grupos de WhatsApp de um pessoal que pratica esportes. Um grupo em especial, o da galera do Triatlo, tem dinâmicas interpessoais muito parecidas com as que eu tinha nos meus grupos de cachaceiros. Os que faltam treino são ridicularizados, os que exageram nos exercícios e pouco descansam são exaltados.

Um dia desses um dos participantes do grupo falou com a maior naturalidade do mundo que havia quebrado o fêmur por estresse, de tanto correr. Para minha surpresa, outra pessoa respondeu que já tinha quebrado a perna pelo mesmo motivo. *Whatafuck?!*

Não sei se quebrar uma perna por excesso de corrida é muito diferente de vomitar por excesso de bebida, essencialmente falando. E, mais do que isso, assim como minhas ressacas homéricas não me levariam a repensar o tipo de consumo que eu estava tendo, quebrar a perna por correr demais não fez essas pessoas pensarem, nem por um instante, que talvez elas estivessem abusando do próprio corpo com a desculpa de praticar uma atividade saudável.

Outro dia um amigo me contou o caso de um chefe que era viciado em pornografia. O cara em questão era tão viciado que às vezes colocava sexo explícito na tela do computador do trabalho.

Pois é, nossos escapes podem assumir muitas formas. Hoje mesmo me pego obcecado por outras coisas que ocuparam o lugar do álcool. Depois que parei de beber, comecei a comer doces esporadicamente e, vez ou outra, sou tomado por uma vontade incontrolável de comer chocolate. Sinto um impulso que, se não evitado de vez em quando, se tornará cada vez mais frequente na minha rotina.

Talvez essa seja a forma de levar a vida, pulando de vício em vício para que nenhum deles se torne irreparável. A dificuldade é justamente identificar esse ponto de equilíbrio. Até onde uma coisa é saudável ou não? Tudo depende do referencial.

E esse referencial é necessariamente particular. Eu tenho amigos que bebem bastante no fim de semana e fazem uma ou outra coisa da qual se arrependem, mas, dentro da rotina daquela pessoa e das aspirações que ela tem, isso não tem muita relevância. Assim, elas são felizes vivendo essa rotina de ficar chapado de tempos em tempos sem muita autocensura ou ambição por buscar uma vida diferente. Então não sei se beber muito é prejudicial para elas, e assim, quem sou eu pra julgar? Identificar o que é problemático ou não é um exercício muito individual.

Ao mesmo tempo, quando estamos viciados em algo, perdemos um pouco a capacidade de fazer esse julgamento, dado que nossa cabeça cria subterfúgios e desculpas para seguir com o uso descontrolado.

Então, é bastante complexo. Apenas o indivíduo é capaz de identificar quando os vícios se tornam problemáticos, mas em algum ponto o problema tira do indivíduo a capacidade de realizar esse julgamento.

PRIMEIROS

Janeiro – 2023

Quando alguém para de beber depois de tanto tempo de vício, é normal que não se tenha referência de muitas coisas sem a presença do álcool. É irresistível pensar em todas as "primeiras vezes" que experimentaremos sem o álcool, e foi assim que vivi muitos "primeiros".

Comecei lá atrás, com o primeiro casamento, que talvez tenha sido o maior desafio. É certo que no próximo casamento as coisas serão mais fáceis, já que tenho a referência daquele que passou e foi divertido.

Hoje faltam poucos "primeiros" a serem encarados, afinal, o ciclo de um ano está perto do fim e já estamos em 2023. Sim, passei com méritos na prova do primeiro réveillon sem beber e foi bem fácil, na verdade.

A minha viagem para Bahia foi cheia de prazeres e descobertas. Novas praias, novos restaurantes ... A ausência do álcool não me impediu de aproveitar o momento. Aliás, acho que estar livre da bebida tem uma influência positiva em me manter no momento presente. Antigamente, a única forma de baixar a ansiedade e me desligar do trabalho era beber para aproveitar.

É provável que os próximos "primeiros" desafiadores sejam o Carnaval e meu aniversário, em março, mas não creio que terei muitos problemas. Me tornei quase indiferente à bebida, eu acho.

É curioso que, naturalmente, eu parei de me classificar como alguém que "está sem beber", para me tornar alguém que não bebe e ponto. Isso não foi planejado, mas acabou acontecendo. Meus amigos seguem a mesma lógica quando me oferecem alguma bebida por acaso. "Ih, viajei, você não bebe".

Confesso que há até certo prazer em estar, de alguma maneira, fora do ordinário. Não sei, algo como me sentir bem por estar alheio a esse surto coletivo do excesso do álcool, por me sentir diferente.

Até meu espírito empreendedor, que andava adormecido, tem aflorado. Estou procurando investir em novos negócios e, quem sabe, começar a gerenciar a carteira de investimentos de algumas pessoas. Novas fontes de renda para montar meu lar em um apartamento maior do que o atual.

De alguma forma, acredito que as frustrações que tive no início da carreira me conduziram a ligar o foda-se e entrar numa espécie de modo "deixa a vida me levar".

Na infância e na escola não fui ensinado a contabilizar o efeito sorte ou azar. Ingenuamente, sempre acreditei que bastava fazer X que Y aconteceria. É possível dar certo fazendo tudo errado e vice-versa. A vida é mais estatística do que determinística.

Vejo que coisas que não dependiam tanto de mim me frustraram e me levaram à generalização dos fatos, como se eu devesse entregar a vida ao acaso do destino.

É fato que grande parte da nossa existência independe do nosso controle, estamos sim entregues ao mero acaso do azar ou da sorte, mas há também uma parte que depende da nossa resiliência em buscar o que almejamos, e não se pode renunciar a isso.

Talvez, para obter Y você precise fazer X repetidas vezes, até tentar um pouco de Z e depois voltar para X, até funcionar.

EXEMPLAR

Janeiro – 2023

Hoje aconteceu uma coisa muito inesperada e gratificante. Um amigo meu que mora em São Paulo me mandou um áudio "do nada" explicando que tinha decidido dar uma guinada na vida e havia se inspirado em mim para tal. Como assim?

Fato é que o cara, que sempre praticou esportes, estava entregue a uma vida de saídas e bebidas constantes, sem fazer exercício, estressado, cansado etc. E o pensamento dele, que já ouvi outras vezes, foi simplesmente "se ele consegue, eu acho que também consigo".

Tenho acompanhado pelo Instagram e ele realmente vai à academia direto, já emagreceu e parece estar numa ascendente. Jamais pensei que minha jornada pessoal poderia influenciar outras pessoas a também movimentar suas próprias vidas. Foi uma das coisas mais prazerosas que já senti, para ser sincero. Bem provável que, em momentos de relutância, esse lembrete me ajude a continuar no meu caminho.

Isso faz parte do processo de mudança. Ouvir pessoas que passaram pelo mesmo problema e contar suas experiências para outras pessoas. É algo que está incluso na dinâmica do AA.

Espero que eu possa ajudar outras pessoas daqui para a frente.

Ah, uma observação. Tive que voltar neste capítulo depois de tê-lo escrito. Ao que consta, a empreitada de mudança do meu amigo não durou muito. Depois de pouco tempo, ele parece ter "emburacado" de novo nos excessos.

Bom, faz parte. De certa forma, identificar o problema é um passo inicial bem importante. Imagino que ele está mais perto de resolver os próprios problemas do que antes de ter identificado sua existência.

Quantas vezes eu mesmo não parecia estar decidido a parar de beber por uns tempos e esse exercício não durava mais que duas semanas?

De novo, não é simples mudar. Esse é apenas mais um lembrete.

FRACASSO

Fevereiro – 2023

Acho que já é momento de declarar meu fracasso. Se você for um leitor insistente e tiver chegado até essa parte, pode ter achado que voltei a beber desenfreadamente nesse Carnaval, mas não, me refiro ao fracasso do meu empreendimento literário. Acho que não escrevi o suficiente para publicar um livro. Será?

É bem verdade que escrevo com muito mais facilidade quando estou carregado de angústia, talvez por isso me identifique tanto com Johnny Cash, Renato Russo e Black Alien. Buscar significado para as angústias através da escrita é mais natural para mim. No fim das contas, Gilberto Gil é possivelmente mais genial do que todos esses ídolos por conseguir escrever e ser (ao que parece) feliz ao mesmo tempo.

Acho que existem infinitos caminhos para a tristeza. Portanto, ao escrever sobre um deles é fácil encontrar alguém que se identifique e simpatize com o texto. Já o caminho para sentir-se bem é complexo e totalmente individualizado. No final, os autores acabam se limitando ao famoso "Dez regras para...", que não passam de grandes bobagens.

Se existisse caminho fácil definido por dez ou sei lá quantas regras, qualquer ser humano alfabetizado seria feliz e contente, não? Uma coisa que me deixa puto com esses livros é que o sucesso está sempre relacionado ao fato de acordar cedo, tipo cinco da manhã. Eu odeio acordar cedo (vagabundo, você deve estar pensando). Me recuso a acreditar que preciso acordar de madrugada para ter sucesso na vida (playboy, você deve estar pensando).

Em minha defesa, não estar escrevendo muito é um excelente sinal de que meu processo de intervenção etílica está me fazendo bem, a ponto de eliminar a maior parte das minhas angústias. Essa é, pelo menos, a desculpa que estou me dando para não estar escrevendo.

Também é verdade que comecei a escrever num modelo de diário, sem pretensão de expor esses textos para ninguém, mas agora estou me dirigindo a você, leitor, diretamente. Coerência mandou lembranças.

É difícil escrever de tempos em tempos e manter a coerência sem nem lembrar direito o que escrevi antes, mas acho que essa era a ideia inicial do livro. Portanto, jogo que segue.

Na verdade, o que queria dizer nesse capítulo era: o Carnaval passou e sigo sem beber. É verdade que meu humor tem oscilado de vez em quando, mas estou convencido de que isso é normal e humano e que deixar o tempo passar funciona tão bem quanto o álcool.

AMOR TRANQUILO

Março – 2023

Já faz algum tempo que me envolvi em uma relação conjugal diferente das últimas que tive. Acho que não se pode esperar um amor sereno de uma pessoa caótica, certo?

Hoje tenho certeza de que tive bastante culpa na construção desses funcionamentos problemáticos, por mais que na época eu me colocasse na posição de vítima injustiçada.

Durante tempo demais me apeguei à noção romântica vendida pela mídia de que as relações conjugais não demandam esforço e discussões constantes. Óbvio que a partir das discussões os envolvidos precisam estar dispostos a buscar um "meio do caminho".

Nos meus vinte anos, quando me via numa situação em que o relacionamento parecia fácil demais ou garantido de alguma forma, eu corria para o outro lado. Havia algo com a emoção da instabilidade emocional e o tesão maluco que apenas as reconciliações proporcionam.

Quase certo que, ao longo do meu trajeto, magoei muitas pessoas nessa lógica de me afastar quando estava tudo meio calmo. É louco pensar nisso atualmente, mas esse era meu comportamento padrão.

Construí também uma falsa noção de que alguns relacionamentos estavam garantidos só por não serem caóticos. Eles nunca estão. Na verdade, eles são uma escolha diária, como a de se exercitar regularmente ou se abster do álcool.

De alguma forma, a montanha-russa de emoções desses relacionamentos caóticos é viciante também. Talvez seja algo com a euforia dos bons momentos quando comparada à depressão dos momentos ruins.

É um pouco a lógica do Carnaval carioca. Muitos momentos de perrengues homéricos suportados por drogas que conduzem a alguns momentos de catarse e euforia e nos dão a sensação de que é válido passar por todos aqueles perrengues no ano seguinte. Agora, imagine viver o Carnaval todos os dias do ano? Exaustão na certa.

Há uma paz especial em optar por uma relação diferente. É claro que isso só é possível se, individualmente, já se alcançou um estado semelhante. É muita ingenuidade pensar que num passe de mágica alguém vai aparecer e te completar de modo que resolva suas angústias e apazigue seus pensamentos.

É natural que esperemos algo parecido com isso já que essa noção romântica nos é empurrada goela abaixo desde que nascemos. Eu, pelo menos, pensava assim. E quando se tem essa visão romântica de que aquela pessoa é A PESSOA, tem-se meio caminho andado para aceitar situações bizarras e conflitos intensos em nome do amor.

Uma noção de que amar era necessariamente navegar através da tormenta com a esperança de alcançar um paraíso perdido e terras nunca descobertas do outro lado.

É bastante frustrante esperar por um paraíso que nunca chega e o fato é que, na realidade, ele não existe. Aceitar que há sofrimento e conflito intrínsecos a qualquer relação, incluindo a conjugal, foi o caminho que encontrei para estar numa relação diferente e que me faz bem na maior parte do tempo.

PERGUNTAS E RESPOSTAS

Março – 2023

Pensei em escrever neste capítulo um apanhado das principais perguntas e impressões que tirei do consumo alcoólico em si, ao longo desse último ano. Algo mais prático do que a maioria dos devaneios que permeou esse livro.

A verdade é que depois que escrevi, não fiquei muito satisfeito com o resultado, justamente por parecer que estou cagando um monte de regras aleatórias.

Mas, tive a oportunidade de divulgar um esboço deste texto para alguns amigos próximos e um deles, que também é um cachaceiro ferrenho, pediu que eu mantivesse essa parte, já que muitas dessas dúvidas passam por sua cabeça quando ele pensa em parar de beber.

Imagino então que, ao contrário do que eu havia pensado, esse resumo pode ter algum valor.

Essas coisas não são verdades absolutas, obviamente, cada um que experimentar o mesmo processo terá suas próprias conclusões. Mas, no pior dos casos, poderei fazer um jabá do meu livro quando um interlocutor qualquer me fizer alguma pergunta repetida.

"Sabia que eu escrevi sobre isso?". Bom, aí vai.

1. Beber deixa tudo mais divertido. Você consegue sair à noite sem beber?

Sim e não. Acho que o problema é usar o álcool como gerador da diversão, e não como amplificador de um momento prazeroso e memorável. A mudança de um estado para outro é um processo lento sob o qual as pessoas têm mais ou menos controle. No meu caso, o ato de beber já era uma das únicas fontes de prazer conhecidas, de modo que eu tinha pouquíssimas ferramentas para escapar desse ciclo destrutivo.

Mais do que isso, a euforia que o álcool entrega é cobrada com juros no dia seguinte e, diante da agonia da ressaca, e não tendo outros recursos, a solução acabava sendo, muitas vezes, beber novamente até que o dever chamasse no domingo à noite ou algo do tipo.

Se você também é uma pessoa que se cobra demais, o álcool é ainda mais venenoso, pois a ressaca física vem acompanhada da ressaca moral e da autocobrança, que aumentam o quadro de ansiedade. Quantas vezes não tive que repassar a noite em detalhes com amigos com medo de que tivesse feito algo irrazoável. Há pessoas que não tem essa preocupação e por isso lidam melhor com os efeitos morais e autopunitivos no dia seguinte.

Agora, é difícil negar que o prazer da bebida é bom demais. Aquele sentimento de leveza instantâneo ao gole da primeira gelada. Se não fosse bom, não vendia tanto. Eu acho que o álcool tem sim o poder de transformar situações corriqueiras em momentos mais divertidos e esse é justamente o problema.

Com o tempo, como tudo pode ser divertido desde que você beba, é difícil dizer não a qualquer programa ou convite, e isso acaba sendo confundido internamente com um traço de personalidade de alguém que "topa tudo" por ser eclético. Hoje em dia eu sou bem mais seletivo em relação às minhas saídas.

No fim das contas, eu acabo fazendo o que de fato me dá algum prazer – ainda que esteja sóbrio – e que seja legal o suficiente para me fazer sair do conforto da minha casa. Ora, esse não deveria ser o normal sempre?

Talvez você perca uma coisa legal de vez em nunca, mas raramente boas coisas acontecem de madrugada ou em algum evento que se apresente como uma bela furada. Nosso medo de estar de fora sempre vai superestimar a probabilidade de perdermos coisas legais por estarmos ausentes.

2. As pessoas insistem muito para você voltar a beber?

O primeiro reflexo das pessoas à sua volta é questionar sua escolha. Assim, se você bebe regularmente, é provável que seja cercado de pessoas que também bebem e inserido em um ambiente onde beber em excesso é tido como normal.

Acho que essa reprimenda é meio instintiva, eu mesmo já perdi as contas de quantas vezes pressionei pessoas a beber. Essa prática constitui um tipo de pacto coletivo e uma espécie de liberdade para que as pessoas possam ser um pouco mais elas mesmas sem tantas preocupações com julgamentos, então, a ideia de ter um sóbrio ali, tomando nota o tempo todo, causa desconforto no grupo.

Com o tempo, essa pressão vai sendo dissipada. A maior parte das pessoas, no meu caso, pôde constatar em tempo real o quanto a sobriedade contribuiu para que eu melhorasse física e mentalmente, e diante dessa melhora, não há muito mais o que ser dito.

Algumas piadas continuam, obviamente. Alguns amigos me chamam de crente, outros parecem priorizar menos minha companhia agora que estou sempre "de cara limpa". Mas, no geral, a pressão passou e a maior parte das pessoas importantes ficou.

3. Mas beber te deixa mais confiante né, como você faz?

Acho que beber te ajuda a desligar paranoias momentâneas e "vozes da sua cabeça" que atuam contra você em determinado cenário.

Se você for tímido e tiver dificuldade em abordar uma pessoa na qual está interessado, por exemplo, com certeza o álcool vai te ajudar, não te deixando confiante, mas te fazendo esquecer momentaneamente que você não se considera bom o suficiente para aquela empreitada. Agora, no dia seguinte, seu sentimento não terá mudado e você precisará beber mais uma vez para executar a mesma tarefa.

Mais do que isso, o álcool é uma substância depressora do sistema nervoso central, então, se você já tiver tendência à depressão, é provável que, no médio prazo, ele jogue contra sua autoestima e confiança.

Vejo hoje que a timidez que eu sempre tive é também um pouco de arrogância misturada com insegurança, uma tentativa de evitar que eu seja julgado pelo outro por não ser perfeito nas minhas colocações. Meu esforço é para refutar essa necessidade, mas isso ainda é difícil, mesmo que eu já tenha melhorado.

4. Por que você bebe *Red Bull* no lugar do álcool? Não é muito pior? Também faz mal, não?

Bom, eu não virei Gandhi também. No combate de algum vício, muitas vezes se recorre a outros que são menos danosos do que o primeiro.

Ainda hoje me sinto meio desconfortável em situações tipicamente alcoólicas como churrascos e outras festas. É estranho não ter nada para segurar e não estar o tempo inteiro bebericando algo gelado.

Nesse aspecto, não consegui retornar à normalidade, mas sim, substituí a cerveja por outras coisas. Energético, água com gás, cerveja zero, qualquer coisa. Continuo bebendo em excesso nessas situações, ainda que não seja nada alcoólico. Foi a forma que encontrei, talvez um dia melhore.

Tenho certeza de que *Red Bull* e refrigerante também são péssimos para a saúde, mas por enquanto é o que eu consegui fazer. E, em todo caso, não tomo litros dessas coisas como eu fazia com a cerveja, e nem na mesma frequência.

5. Como foi no início do processo? Está mais fácil agora?

À medida que o tempo vai passando, ficar sem beber é cada vez mais fácil. Isso ocorre por vários motivos. O prazer do álcool se torna menos vívido na memória. Você desenvolve novos prazeres substitutivos. As pessoas insistem menos para você beber. Você começa a ver resultados, incluindo perda de peso.

Assim sendo, uma ótima forma para se pensar ao longo do processo é que o pior já passou. No início é difícil pensar assim porque os dias se arrastam e você precisa confiar que o plano dará certo, mas, depois de um tempo, o amanhã sem beber torna-se mais fácil que o hoje, até que eles sejam igualmente fáceis, pois você se torna indiferente à bebida.

6. Você faz terapia? Você foi ao médico?

Ao longo desse processo foi fundamental buscar ajuda profissional, além de abrir o jogo com meus amigos mais próximos e familiares.

Isso foi essencial para que eu evoluísse no âmbito pessoal ao mesmo tempo que convivia com a ausência do álcool. Em algum momento essa melhora pessoal compensou a ausência da anestesia.

Eu já fazia terapia, mas intensifiquei o processo e passei a levar tudo mais a sério. É mais fácil endereçar as questões quando não se está chapado o tempo todo e quando as coisas que te irritam estão, de fato, te irritando.

Também fui ao psiquiatra. O que ele me falou, brevemente, foi "Você tá fodido".

Não sei se era psicologia reversa ou não, mas deu certo.

O FIM ESTÁ PRÓXIMO

Abril – 2023

É com esse título apocalíptico que eu começo este capítulo de celebração. Acho que já posso cantar vitória antes da hora. A menos, é claro, que por algum descuido eu coloque tudo a perder e resolva beber nesses dezoito dias que me restam. Isso é bastante improvável, tendo em vista que acabei de ultrapassar o Carnaval e o meu aniversário que seriam datas de grande apelo. Pois bem, deu certo! Alegria!

O sucesso é mais do que o período sabático, mas também uma evolução de estado mental assombrosa. Meu psiquiatra e psicóloga que o digam. É muito bom poder, novamente, viver os pequenos prazeres dos quais tanto me ressentia.

Parar de beber ou deixar um vício não resolve, de maneira nenhuma, todos os problemas da vida. Mas, no meu caso, me deu tempo e clareza mental para endereçar alguns dos problemas que me faziam beber tanto.

Também é óbvio que um estado obsessivo de personalidade não desaparece da noite para o dia. Com o tempo eu acabei deslocando esse vício para outras coisas que me trazem menos problemas como praticar esporte, ver séries, jogar xadrez… Novos vícios. Eu, inclusive, me tornei a pessoa que eu mais temia: aquela que pesa a própria comida para seguir à risca as orientações da nutricionista. Enfim, novas maluquices.

Acho que vale a pena compartilhar o poema que escrevi que é uma espécie de resposta ao poema que apresentei antes, dos pequenos prazeres.

Em cantos

Por aí andei buscando
Um lugar para chamar de meu
Sentindo uma saudade estranha
De viver como vivia eu

De canto em canto, de dia em dia
A sensação de esquecer algo importante
Mas a conta chega, a barca atraca
E ninguém tem tempo pra isso
Pros perdidos não achados da vida

De pranto em canto, de dorme em acorda
Mas, afinal, o que era eu?
De tanto pensar, nada fazia
Ou melhor, me repetia

Então é outra festa; é outra sexta-feira
Que se dane o futuro; você tem a vida inteira

Em algum momento me dei conta, porém
Que não há canto com encanto suficiente
A ilusão de uma cura exógena
A vida é sorte e sofrimento
E conviver com a angústia das opções renegadas.
É o preço da nossa (in)comparável liberdade

Há muita paz em aceitar o descontrole

Seria bastante mentiroso afirmar que, lá trás, eu tinha alguma noção da sequência de fatos que parar de beber desencadearia. Eu não tinha a mais vaga ideia de que seria uma viagem positiva (e poderia muito bem não ter sido). Mas, valeu a pena.

E AGORA, JOSÉ?

Julho – 2023

Passou algum tempo depois do período estipulado e ainda não encontrei motivos que me convençam a voltar a beber. É verdade que parte disso é por medo: estaria eu disposto a renunciar à paz de espírito que alcancei, em nome de alguns prazeres e diversões de curto prazo?

Não sei, tenho um medo constante de que se eu começar a fazer concessões agora, acabarei aos poucos voltando para a realidade de antes. É uma dúvida cruel, de fato, já que o cenário ideal seria que eu conseguisse beber moderadamente, agora que conheço uma nova realidade.

Uma vez minha tia, preocupada comigo em algum momento que o exagero de álcool já tinha passado a ser do conhecimento da família, me disse:

"A gente nunca sabe que efeitos os encontros da vida terão em nós mesmos, se serão bons ou ruins, mas sendo ruins, não devemos patrociná-los."

Atualmente, isso tem bastante sentido para mim, na medida em que busco encontros com pessoas, objetos e situações que me fazem bem, e me afasto dos demais.

Me sinto muito bem a maior parte do tempo. Óbvio que ainda há dias ruins, mas de vez em quando sou possuído por uma paz terrível, quando minha simples existência parece fazer algum sentido.

Em alguns momentos, o simples fato de estar é suficiente, sem que eu precise necessariamente realizar alguma coisa ou focar em alguma atividade. Apenas existir no momento presente.

Isso é um sentimento tão bom que tenho muito medo de perdê-lo.

Ler essas páginas novamente e editá-las é uma experiência curiosa, assim como o é contemplar minhas fotos de um ou dois anos atrás. Há um sentimento de não me reconhecer em alguns momentos, como se aquela fosse uma pessoa muito diferente da que sou agora. Algo semelhante ao que vivi lá trás, quando passei a contemplar uma existência sem o álcool.

Estou convencido hoje de que uma boa parte do que atribuímos à nossa "essência", como forma de descrever elementos intrínsecos da nossa personalidade que seriam imutáveis, não passam de hábitos realizados e consolidados ao longo de algum tempo.

É bastante complexo lidar com tais hábitos já que eles passam a constituir parte da nossa psiquê. Intuitivamente, renunciar a tais hábitos seria como abrir mão de parte da nossa personalidade, o que nos impede de agir.

Entendo que, se insistirmos tempo suficiente, podemos sim mudar hábitos que nos atrapalham. É claro que não se trata de um processo simples e muito menos indolor. Não há mudança sem sofrimento.

Todo esse processo foi, sem dúvida, uma maneira de me conhecer melhor e, mais do que isso, de me aproximar de mim mesmo ao invés de simplesmente permanecer na inércia, vivendo uma vida viciada e exagerada. Sinto que deixei meu modo zumbi de lado e assumi maior controle da minha vida.

Outra herança positiva de tudo isso foi a aceitação das tragédias, do sofrimento e da banalidade da vida.

Assim, busquei algumas coisas diferentes ao longo da minha existência, e a primeira delas foi ter segurança. Esse era o objetivo. Conseguir um estágio, conseguir um bom trabalho, conquistar minha independência financeira. Essas eram as formas de ter uma boa vida.

Em algum momento, quando estava no meio desse processo, nada parecia fazer sentido, muito menos me trazia felicidade. Sentia como se eu estivesse experimentando uma vida que alguém tinha programado para mim.

O que fazer a partir daí, então? Sobre o que é a vida?

Comecei a contemplar realidades paralelas às minhas e fazer cálculos mentais sobre qual vida seria melhor ou pior de ter, ou a que traria potencialmente menos sofrimento. E se eu mudasse de carreira? E se eu fosse viajar? E se eu fosse um fracassado irremediável? E se?

Óbvio que essas contas mentais não têm respostas e trazem apenas ansiedade. A partir daí, a disrupção foi o caminho.

Fui então ter o máximo de prazeres possível, aproveitando como se não houvesse amanhã, na esperança de que o sofrimento não me alcance na curva (óbvio que isso não foi uma decisão consciente).

Mas, esses prazeres eram cada vez menos prazerosos e as coisas banais, os pequenos prazeres, foram também sendo engolidos no processo. Não sentia prazer em estar tranquilo em casa, sozinho comigo mesmo, nem em viajar ou ter boas refeições quando elas não eram acompanhadas pelo álcool. Isso gerou novos questionamentos.

Aceitar que estou fadado ao sofrimento e, mais do que isso, que meu sofrimento não é pior nem melhor que nenhum outro foi o primeiro passo para me libertar da angústia de pensar em outras vidas possíveis.

Transcender essa lógica é libertador. A vida é aqui e agora, e o sofrimento faz parte.

É óbvio que na maior parte do tempo me sinto confuso e perdido, como um bom Homo sapiens, mas em determinados momentos os pequenos prazeres se fazem presentes e a vida parece fazer sentido por alguns minutos. Nesses intervalos, sinto que não gostaria de estar em nenhum outro lugar nem fazendo nenhuma outra coisa. É mágico.

Talvez eu não tenha a carreira que almejei, ou a casa que sonhei ou talvez todas essas coisas demorem a acontecer. O ideal não existe. Hoje, minha busca é por esses pequenos momentos felizes e por poder compartilhá-los com as pessoas de que eu gosto.

Espero que esse sentimento dure.

www.editorainverso.com.br
facebook.com/editorainverso
@editorainverso
(+55 41) 3254-1616 e 3538-8001
(+55 41) 99798-7623